Impressum
Verlag: BABADADA GmbH, Nedderfeld 112 , 22529 Hamburg
Geschäftsführer / Verlagsleitung: Harald Hof
Druck: Books on Demand GmbH, In de Tarpen 42, 22848 Norderstedt

Imprint
Publisher: BABADADA GmbH, Nedderfeld 112 , 22529 Hamburg, Germany
Managing Director / Publishing direction: Harald Hof
Print: Books on Demand GmbH, In de Tarpen 42, 22848 Norderstedt, Germany

skola

школа

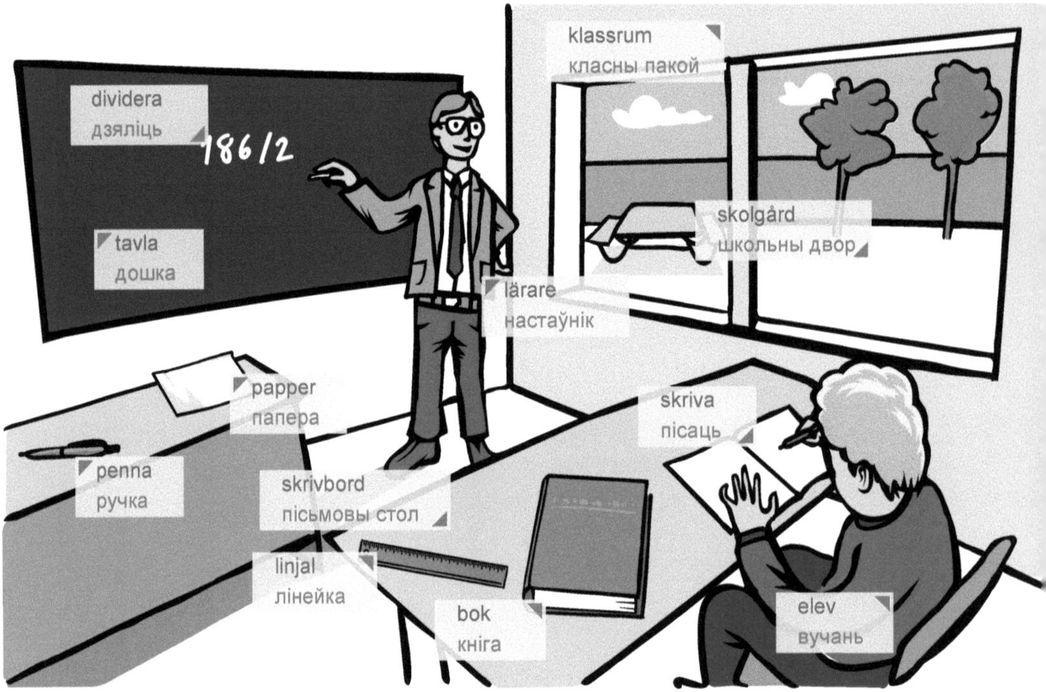

klassrum
класны пакой
dividera
дзяліць
186/2
tavla
дошка
skolgård
школьны двор
lärare
настаўнік
papper
папера
skriva
пісаць
penna
ручка
skrivbord
пісьмовы стол
linjal
лінейка
bok
кніга
elev
вучань

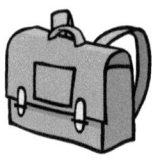

skolväska

ранец

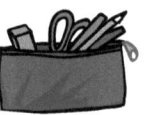

pennfodral

пенал

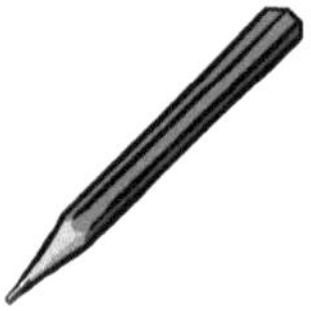

blyertspenna

просты аловак

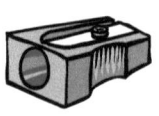

pennvässare

тачылка для алоўкаў

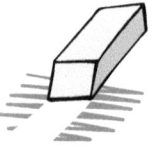

suddgummi

гумка

ritblock

альбом для малявання

teckning

малюнак

pensel

пэндзлік

målarlåda

фарбы

sax

нажніцы

lim

клей

övningsbok

сшытак

hemläxa

хатняе заданне

tal

лік

2+2

addera

дадаваць

5-2

subtrahera

адымаць

2×2

multiplicera

множыць

räkna

лічыць

A

bokstav

літара

ABCDEFG
HIJKLMN
OPQRSTU
VWXYZ

alfabet

алфавіт

ord

слова

text

тэкст

läsa

чытаць

krita

крэйда

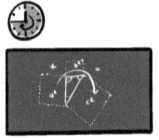

lektion

ўрок

register

класны журнал

prov

экзамен

intyg

атэстат

skoluniform

школьная форма

utbildning

адукацыя

uppslagsverk

энцыклапедыя

universitet

універсітэт

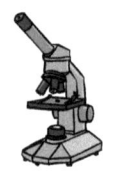

mikroskop

мікраскоп

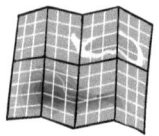

karta

карта

papperskorg

смеццевы кошык

resa
падарожжа

hotell
гатэль
Grand
vandrarhem
хостэл
ROOMS
växelkontor
абменны пункт
EXCHANGE
resväska
чамадан
bil
аўтамабіль

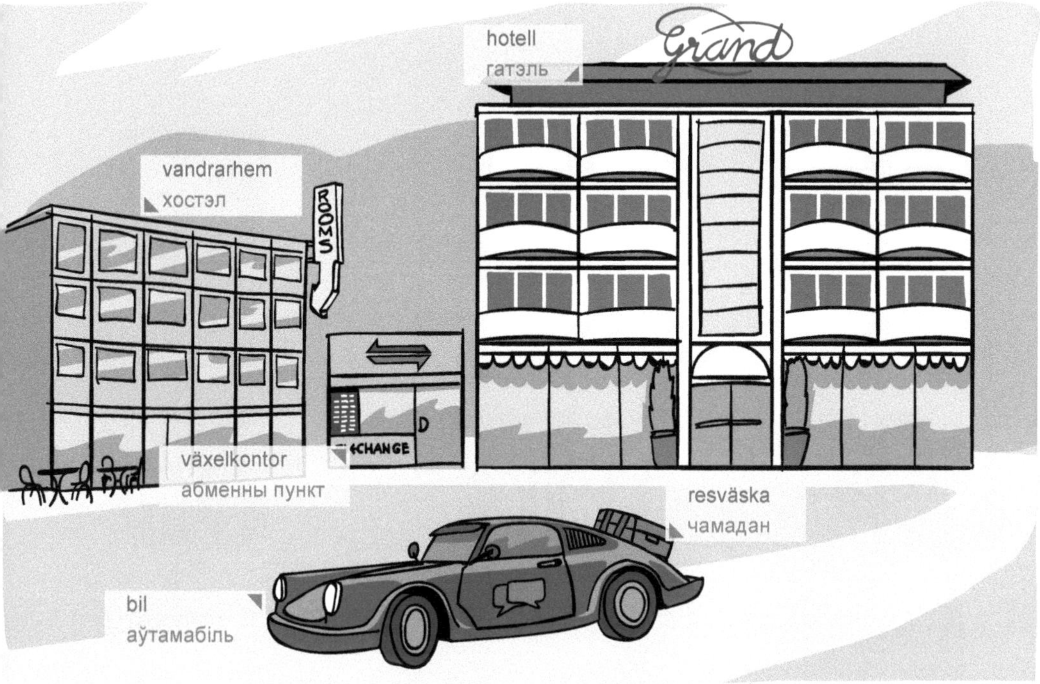

språk
мова

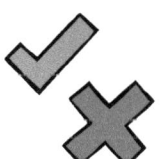

ja / nej
так / не

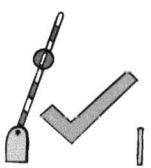

Okay
добра

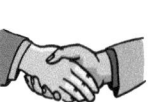

hej
прывітанне!

översättare
перакладчык

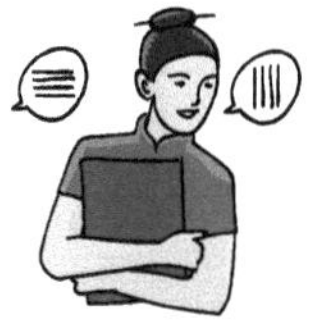

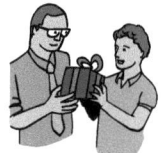

Tack
дзякуй

hur mycket kostar…?

Колькі каштуе….?

jag förstår inte

я не разумею

problem

праблема

God kväll!

Добры вечар!

God morgon!

Добрай раніцы!

God natt!

Дабранач!

hejdå

да пабачэння

riktning

кірунак

bagage

багаж

väska

сумка

ryggsäck

заплечнік

gäst

госць

rum

пакой

sovsäck

спальны мяшок

tält

палатка

turistinformation

інфармацыя для турыстаў

strand

пляж

kreditkort

крэдытная картка

frukost

снеданне

lunch

абед

middag

вячэра

biljett

праязны білет

hiss

ліфт

frimärke

паштовая марка

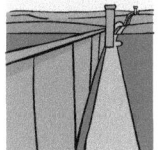

gräns

мяжа

tull

мытня

ambassad

пасольства

visum

віза

pass

пашпарт

transport
транспарт

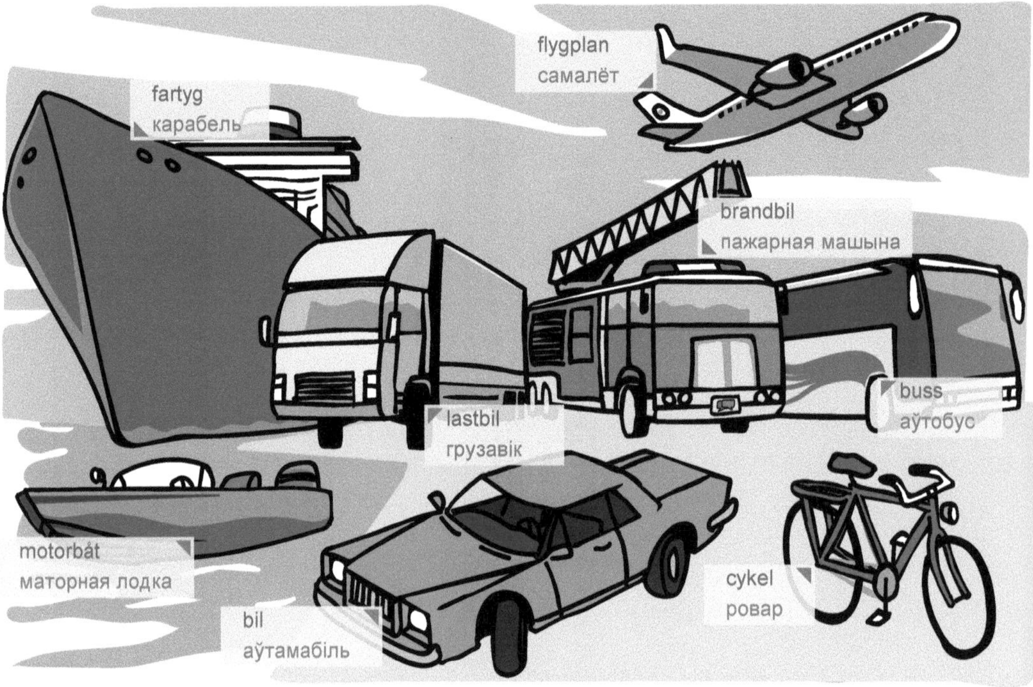
flygplan
самалёт
fartyg
карабель
brandbil
пажарная машына
buss
аўтобус
lastbil
грузавік
motorbåt
маторная лодка
cykel
ровар
bil
аўтамабіль

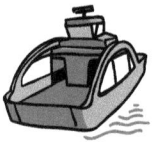

färja

парoм

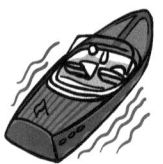

båt

лодка

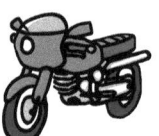

motorcykel

матацыкл

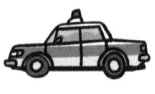

polisbil

паліцэйская машына

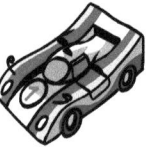

racerbil

гоначны аўтамабіль

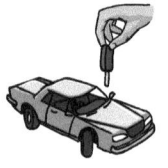

hyrbil

арэндаваны аўтамабіль

bilpool

сумеснае карыстанне аўтамабілем

bärgningsbil

эвакуатар

sopbil

смеццявоз

motor

матор

bränsle

паліва

bensinstation

запраўка

vägmärke

дарожны знак

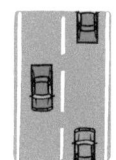

trafik

дарожны рух

bilkö

затор

parkeringsplats

паркоўка

tågstation

чыгуначная станцыя

räls

рэйкі

tåg

цягнік

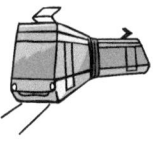

spårvagn

трамвай

vagn

вагон

helikopter

верталёт

flygplats

аэрапорт

torn

вежа

passagerare

пасажыр

container

кантэйнер

kartong

кардонная скрыня

vagn

тачка

korg

карзіна

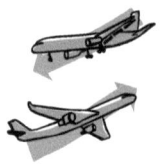

starta / landa

ўзлятаць / прызямляцца

stad

горад

by

вёска

centrum

цэнтр горада

hus

дом

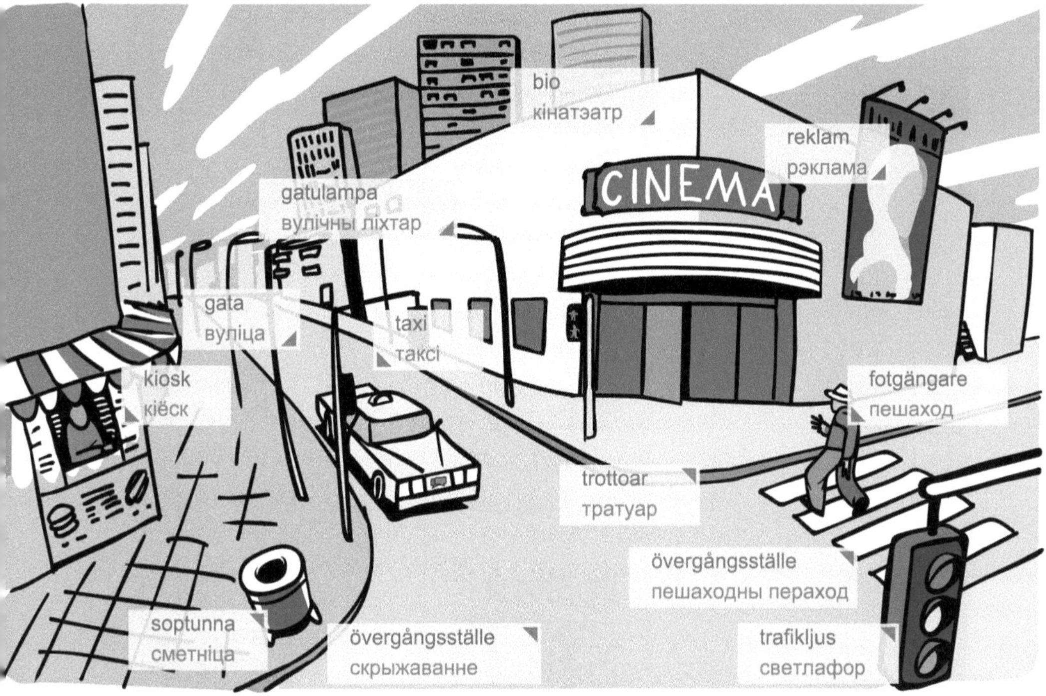

bio
кінатэатр
reklam
рэклама
CINEMA
gatulampa
вулічны ліхтар
gata
вуліца
taxi
таксі
kiosk
кіёск
fotgängare
пешаход
trottoar
тратуар
övergångsställe
пешаходны пераход
soptunna
сметніца
övergångsställe
скрыжаванне
trafikljus
светлафор

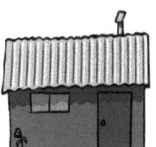

stuga

халупа

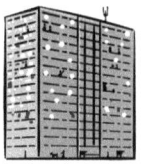

lägenhet

кватэра

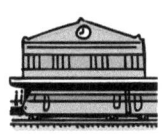

tågstation

чыгуначная станцыя

stadshus

ратуша

MUSEUM

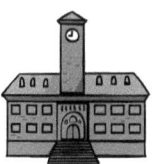

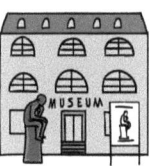

museum

музей

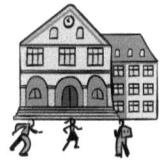

skola

школа

universitet

універсітэт

bank

банк

sjukhus

шпіталь

hotell

гатэль

apotek

аптэка

kontor

офіс

bokhandel

кнігарня

affär

крама

blomsterbutik

кветкавая крама

stormarknad

супермаркет

marknad

кірмаш

varuhus

універмаг

fiskhandlare

рыбная крама

köpcentrum

гандлевы цэнтр

hamn

порт

park

парк

bänk

лава

brygga

мост

trappa

лесвіца

tunnelbana

метро

tunnel

тунэль

busshållplats

прыпынак

bar

бар

restaurang

рэстаран

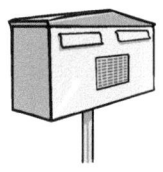

brevlåda

паштовая скрыня

gatuskylt

вулічны паказальнік

parkeringsautomat

паркамат

zoo

заапарк

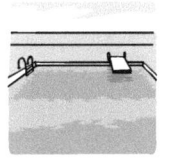

simbassäng

басейн

moské

мячэць

bondgård

сядзіба

förorening

забруджванне навакольнага асяроддзя

kyrkogård

могілкі

kyrka

царква

lekplats

пляцоўка для гульні

tempel

храм

landskap
краявід

löv — ліст

vägskylt — паказальнік

väg — дарога

äng — луг

sten — камень

träd — дрэва

liftare — падарожнік

flod — рака

gräs — трава

blomma — кветка

dal

даліна

kulle

гара

sjö

возера

skog

лес

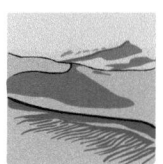

öken

пустыня

vulkan

вулкан

slott

замак

regnbåge

вясёлка

svamp

грыб

palm

пальма

mygga

камар

fluga

муха

myra

мурашка

bi

пчала

spindel

павук

skalbagge

жук

groda

жаба

ekorre

вавёрка

igelkott

вожык

hare

заяц

uggla

сава

fågel

птушка

svan

лебедзь

vildsvin

дзік

rådjur

алень

älg

лось

damm

пласіна

vindkraftverk

вятрак

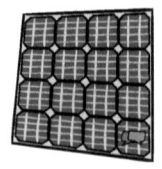

solcellspanel

сонечная батарэя

klimat

клімат

restaurang
рэстаран

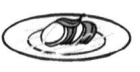

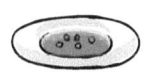

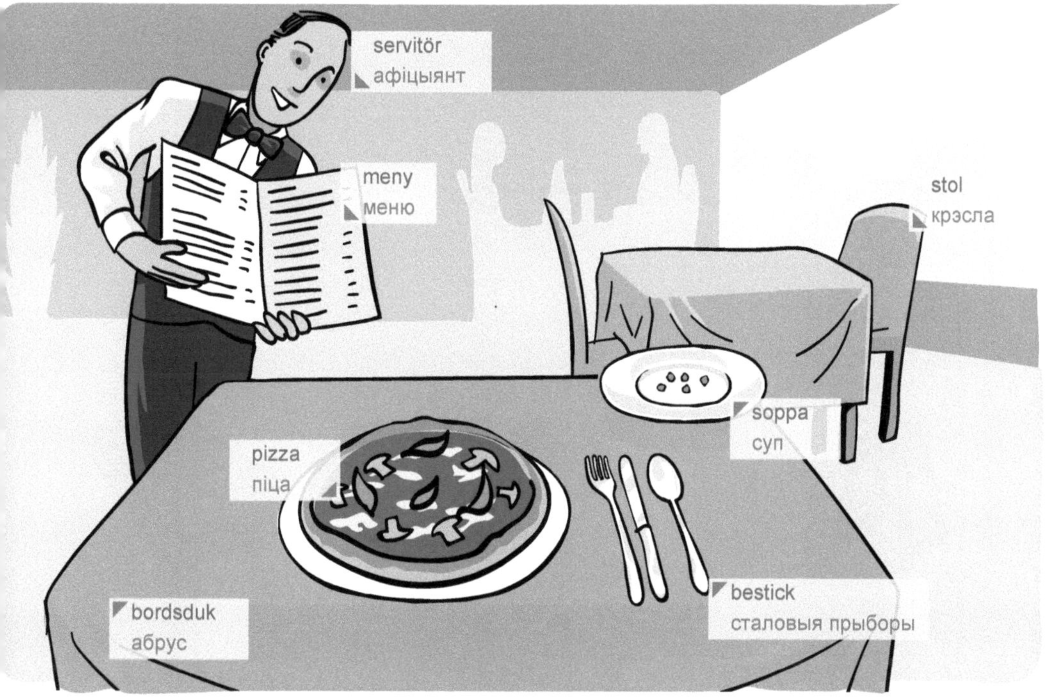
servitör
афіцыянт
meny
меню
stol
крэсла
soppa
суп
pizza
піца
bestick
сталовыя прыборы
bordsduk
абрус

förrätt
закуска

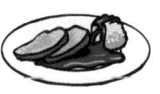

huvudrätt
другая страва

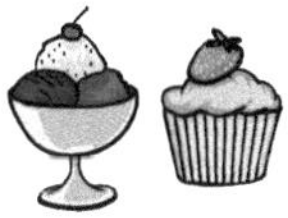

dessert
дэсерт

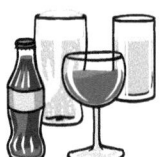

drycker
напоі

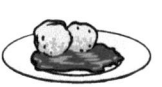

mat
ежа

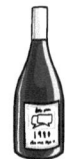

flaska
бутэлька

snabbmat

хуткае харчаванне (фаст-фуд)

street food

стрыт-фуд

tekanna

імбрык (чайнік)

sockerskål

цукарніца

portion

порцыя

espressomaskin

эспрэса-машына

barnstol

дзіцячае крэселка

räkning

рахунак

bricka

паднос

kniv

нож

gaffel

відэлец

sked

лыжка

tesked

чайная лыжка

servett

сурвэтка

glas

шклянка

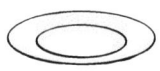

tallrik

талерка

sopptallrik

супавая талерка

tefat

сподак

sås

соус

saltkar

сальніца

pepparkvarn

млынок для перцу

vinäger

воцат

olja

алей

kryddor

спецыі

ketchup

кетчуп

senap

гарчыца

majonnäs

маянэз

stormarknad
супермаркет

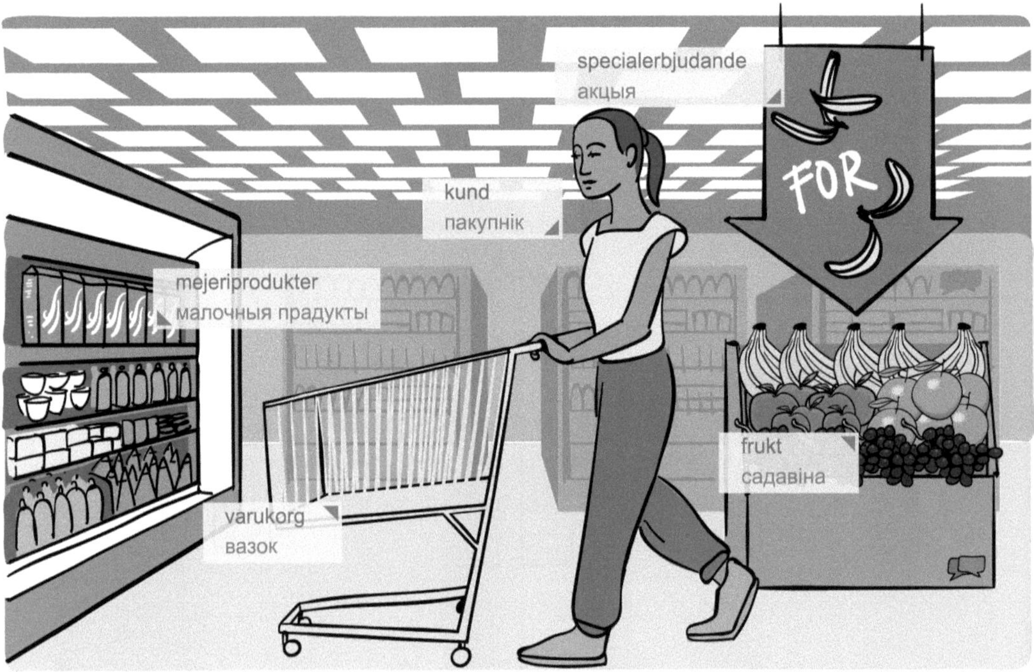

specialerbjudande
акцыя

kund
пакупнік

mejeriprodukter
малочныя прадукты

varukorg
вазок

frukt
садавіна

FOR

charkuteri

мясная крама

bageri

хлебны магазін

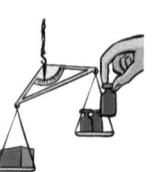

väga

важыць

grönsaker

гародніна

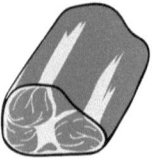

kött

мяса

frysta livsmedel

свежазамарожаныя
прадукты

pålägg

нарэзка

konserver

кансервы

tvättmedel

пральны парашок

godis

прысмакі

hushållsprodukter

хатнія прылады

rengöringsmedel

чысцячы сродак

försäljare

прадавец

kassa

каса

kassör

касір

inköpslista

спіс пакупак

öppettider

гадзіны працы

plånbok

бумажнік

kreditkort

крэдытная картка

väska

сумка

plastpåse

пакет

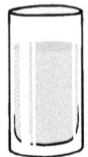

vatten

вада

juice

сок

mjölk

малако

cola

кола

vin

віно

öl

піва

alkohol

алкаголь

kakao

какава

te

гарбата (чай)

kaffe

кава

espresso

эспрэса

cappuccino

капучына

banan

банан

äpple

яблык

apelsin

апельсін

melon

дыня

citron

лімон

morot

морква

vitlök

часнок

bambu

бамбук

lök

цыбуля

svamp

грыб

nötter

арэхі

nudlar

локшына

spaghetti

спагеці

ris

рыс

sallad

салата

pommes frites

бульба фры

stekt potatis

смажаная бульба

pizza

піца

hamburgare

гамбургер

smörgås

бутэрброд

schnitzel

шніцаль

skinka

вяндліна

salami

салямі

korv

каўбаса

kyckling

курыца

stek

смажаніна

fisk

рыбак

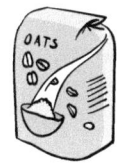

havregryn

аўсяныя камякі

müsli

мюслі

cornflakes

кукурузныя шматкі

mjöl

мука

croissant

круасан

fralla

булачка

bröd

хлеб

rostat bröd

тост

kex

пячэнне

smör

масла

kvarg

тварог

kaka

пірог

ägg

яйка

stekt ägg

яечня

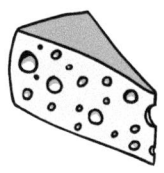

ost

сыр

glass

марожанае

socker

цукар

honung

мёд

sylt

варэнне

nougatkräm

нуга

curry

кары

mat - ежа

bondgård
сядзіба

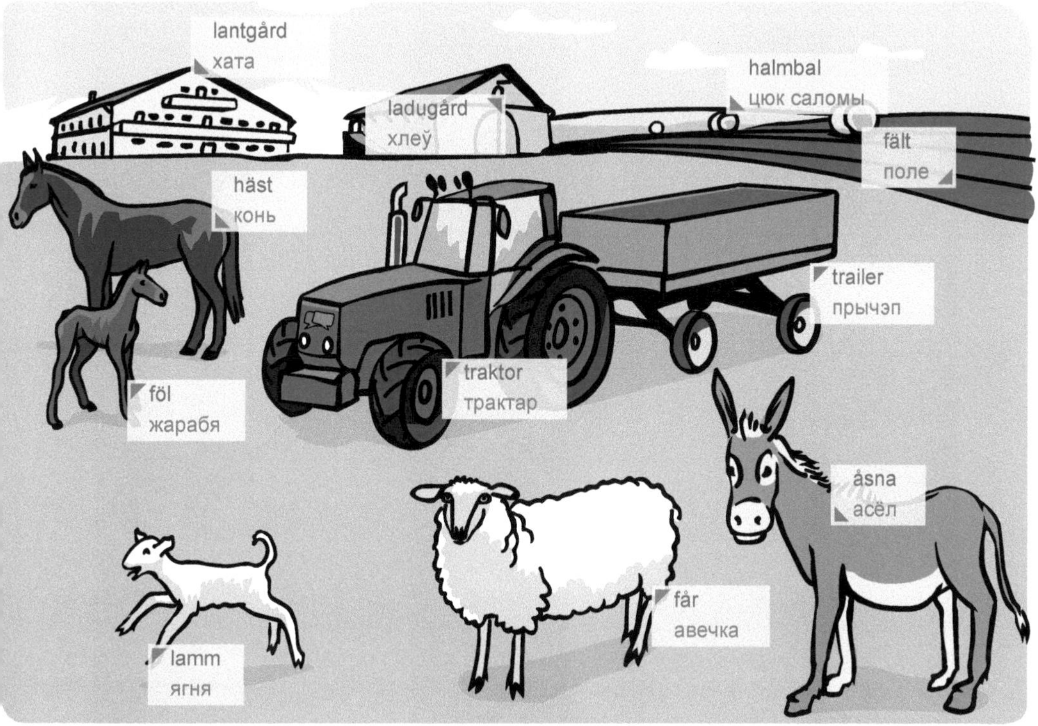

lantgård
хата
halmbal
цюк саломы
ladugård
хлеў
fält
поле
häst
конь
trailer
прычэп
traktor
трактар
föl
жарабя
åsna
асёл
får
авечка
lamm
ягня

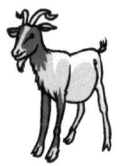

get

каза

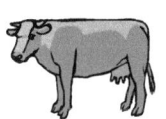

ko

карова

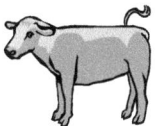

kalv

цяля

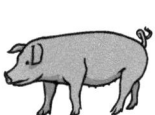

gris

свіння

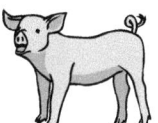

griskulting

парася

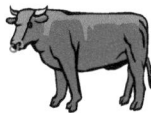

tjur

бык

gås

гусак

anka

качка

kyckling

кураня

höna

курыца

tupp

певень

råtta

пацук

katt

кот

mus

мыш

oxe

вол

hund

сабака

hundkoja

сабачая будка

trädgårdsslang

садовы шланг

vattenkanna

палівачка

lie

каса

plog

плуг

skära
серп

hacka
матыка

högaffel
вілы для гною

yxa
сякера

skottkärra
тачка

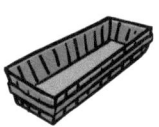

tråg
карыта

mjölkflaska
бітон для малака

säck
мех

staket
плот

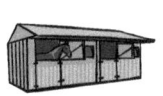

stall
хлеў

växthus
цяпліца

jord
глеба

säd
насенне

gödsel
угнаенне

skördetröska
камбайн

skörda

збіраць ураджай

skörd

ураджай

jams

ямс

vete

пшаніца

soja

соя

potatis

бульба

majs

кукуруза

raps

рапс

fruktträd

садовае дрэва

maniok

маніёк

spannmål

збожжа

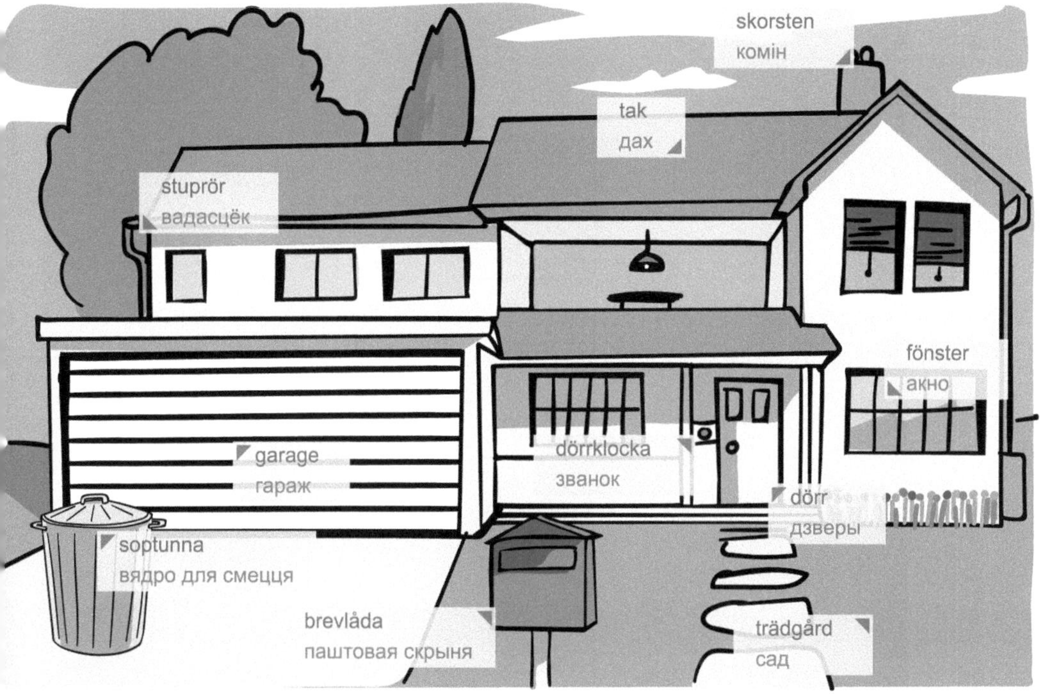

skorsten
комін

tak
дах

stuprör
вадасцёк

fönster
акно

garage
гараж

dörrklocka
званок

dörr
дзверы

soptunna
вядро для смецця

brevlåda
паштовая скрыня

trädgård
сад

vardagsrum

жылы пакой

badrum

ванная

kök

кухня

sovrum

спальны пакой

barnrum

дзіцячы пакой

matsal

сталоўка

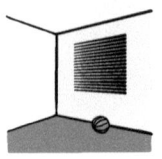

golv

падлога

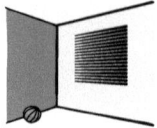

vägg

сцяна

tak

столь

källare

падвал

bastu

саўна

balkong

балкон

terrass

тэраса

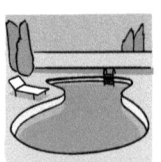

bassäng

басейн

gräsklippare

касілка

lakan

падкоўдранік

överkast

коўдра

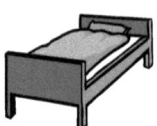

säng

ложак

kvast

венік

hink

вядро

strömbrytare

выключальнік

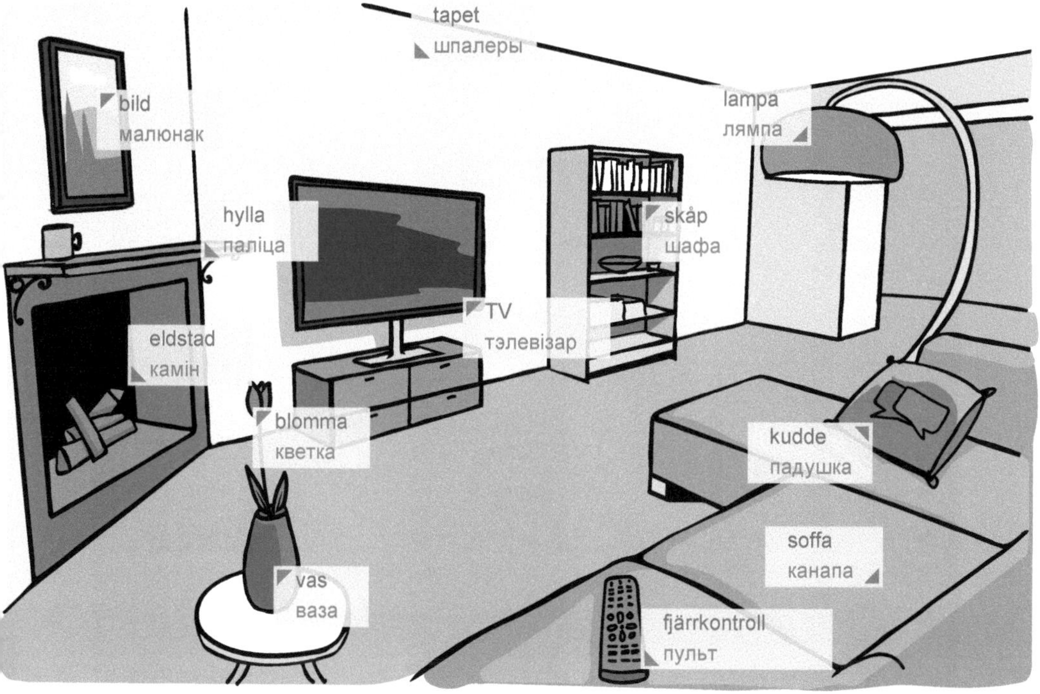

tapet
шпалеры

bild
малюнак

lampa
лямпа

hylla
паліца

skåp
шафа

eldstad
камін

TV
тэлевізар

blomma
кветка

kudde
падушка

soffa
канапа

vas
ваза

fjärrkontroll
пульт

matta

дыван

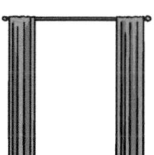

gardin

фіранка

bord

стол

stol

крэсла

gungstol

крэсла-качалка

fåtölj

крэсла

bok

кніга

filt

коўдра

dekoration

дэкарацыя

vedträ

дровы

film

кіно

stereoanläggning

стэрэасістэма

nyckel

ключ

dagstidning

газета

målning

карціна

poster

постар

radio

радыё

anteckningsbok

нататнік

dammsugare

пыласос

kaktus

кактус

stearinljus

свечка

kök
кухня

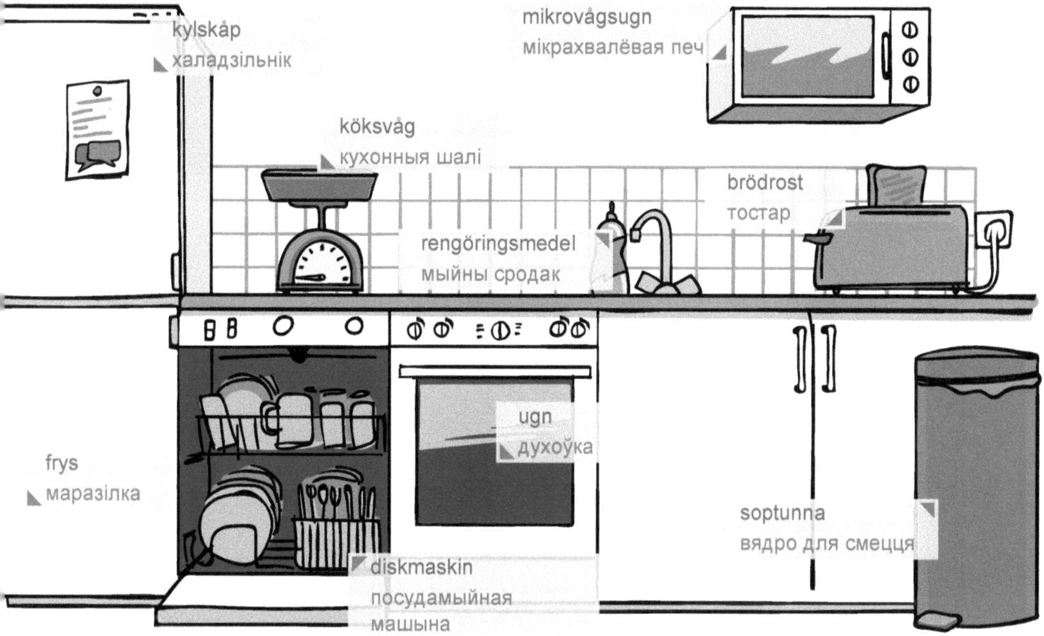

kylskåp
халадзільнік
mikrovågsugn
мікрахвалёвая печ
köksvåg
кухонныя шалі
brödrost
тостар
rengöringsmedel
мыйны сродак
ugn
духоўка
frys
маразілка
soptunna
вядро для смецця
diskmaskin
посудамыйная машына

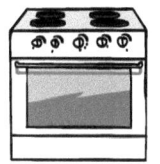

spis

плiта

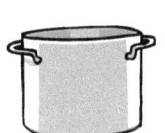

kastrull

рондаль

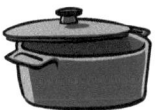

järngryta

чыгунок

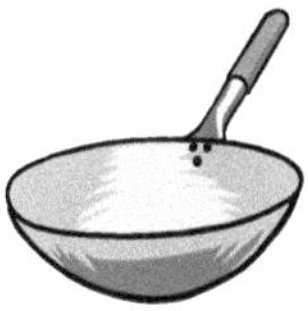

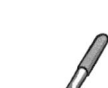

wok / kadai

Вок / кадаі

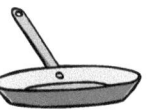

stekpanna

патэльня

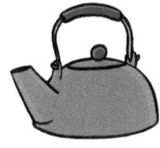

vattenkokare

чайнік

ångkokare

параварка

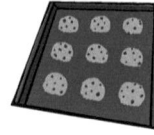

bakplåt

бляха

porslin

посуд

mugg

кубак

skål

міска

ätpinnar

палачкі для ежы

soppslev

чарпак

stekspade

лапатачка

visp

збівалка

durkslag

сіта для варэння

sil

сіта

rivjärn

тарка

mortel

ступка

grill

грыль

brasa

вогнішча

skärbräda

дошка

kavel

качалка

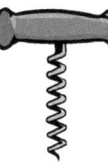

korkskruv

штопар

burk

бляшанка

burköppnare

адкрывалка

grytlapp

прыхваткі

vask

ракавіна

borste

шчотка

svamp

губка

mixer

міксер

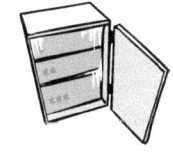

frys

маразільная камера

nappflaska

бутэлечка

kran

вадаправодны кран

badrum

ванная

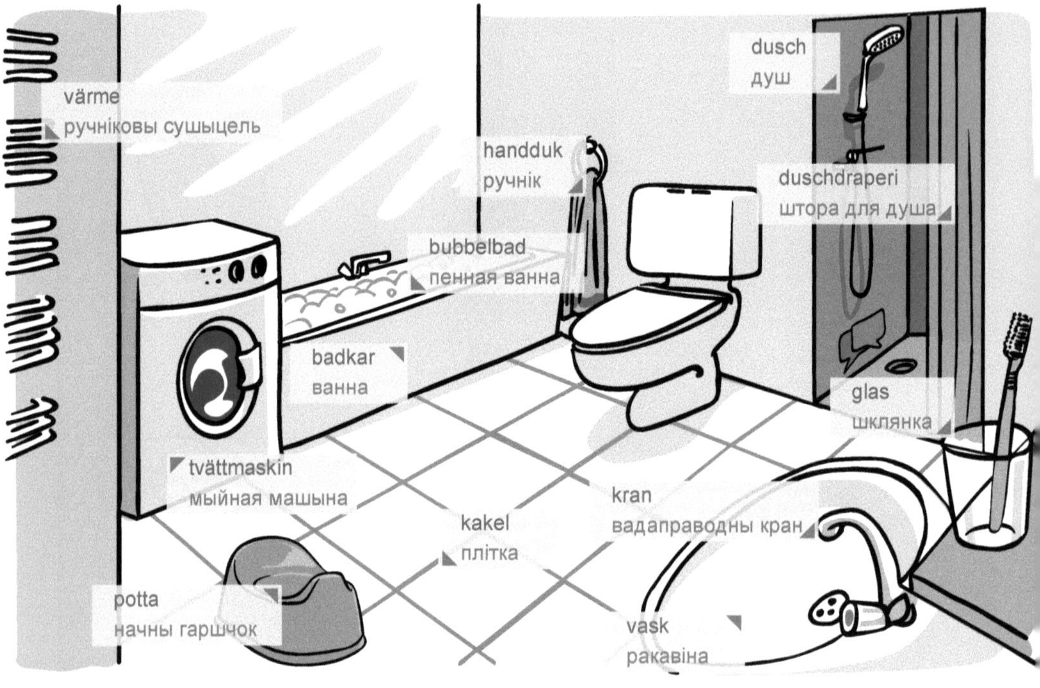

värme
ручніковы сушыцель
dusch
душ
handduk
ручнік
duschdraperi
штора для душа
bubbelbad
пенная ванна
badkar
ванна
glas
шклянка
tvättmaskin
мыйная машына
kran
вадаправодны кран
kakel
плітка
potta
начны гаршчок
vask
ракавіна

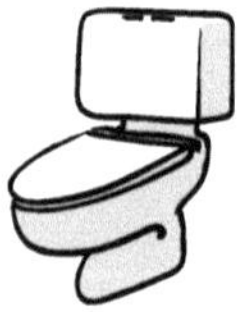

toalett

туалет

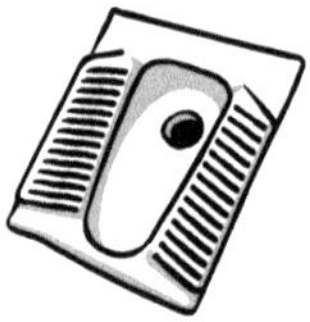

låg toalett

падлогавы ўнітаз

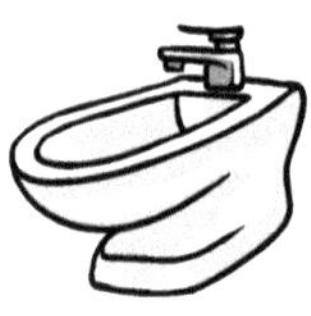

bidet

бідэ

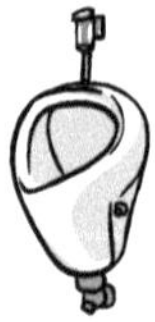

pissoar

пісуар

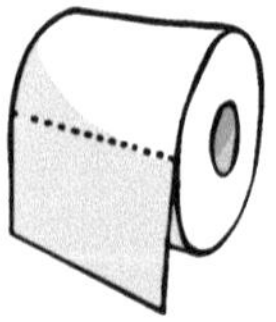

toalettpapper

туалетная папера

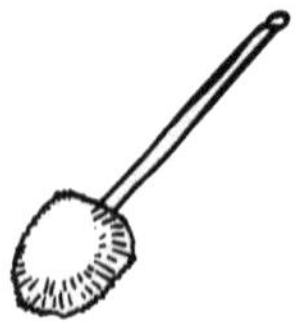

toalettborste

шчотка для чысткі ўнітаза

tandborste

зубная шчотка

tandkräm

зубная паста

tandtråd

зубная нітка

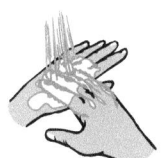

tvätta

мыць

handdusch

ручны душ

intimdusch

інтымны душ

handfat

умывальнік

ryggborste

шчотка для спіны

tvål

мыла

duschgel

гель для душа

schampo

шампунь

trasa

вяхотка

avlopp

вадасцёк

crème

крэм

deodorant

дэзадарант

spegel

люстэрка

handspegel

касметычнае люстэрка

rakhyvel

станок для галення

raklödder

пена для галення

rakvatten

ласьён пасля галення

kam

грэбень

borste

шчотка

hårtork

фен

hårspray

лак для валасоў

smink

касметыка

läppstift

памада

nagellack

лак для пазногцяў

bomullsvadd

вата

nagelsax

манікюрныя нажніцы

parfym

духі

necessär

касметычка

pall

табурэтка

våg

вагі

badrock

лазневы халат

gummihandskar

санітарныя пальчаткі

tampong

тампон

binda

гігіенічныя пракладкі

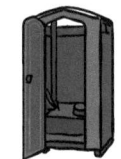

kemisk toalett

біятуалет

barnrum
дзіцячы пакой

väckarklocka
будзільнік
gosedjur
мяккая цацка
leksaksbil
цацачная машынка
skallra
бразготка
dockhus
лялечны домік
present
падарунак

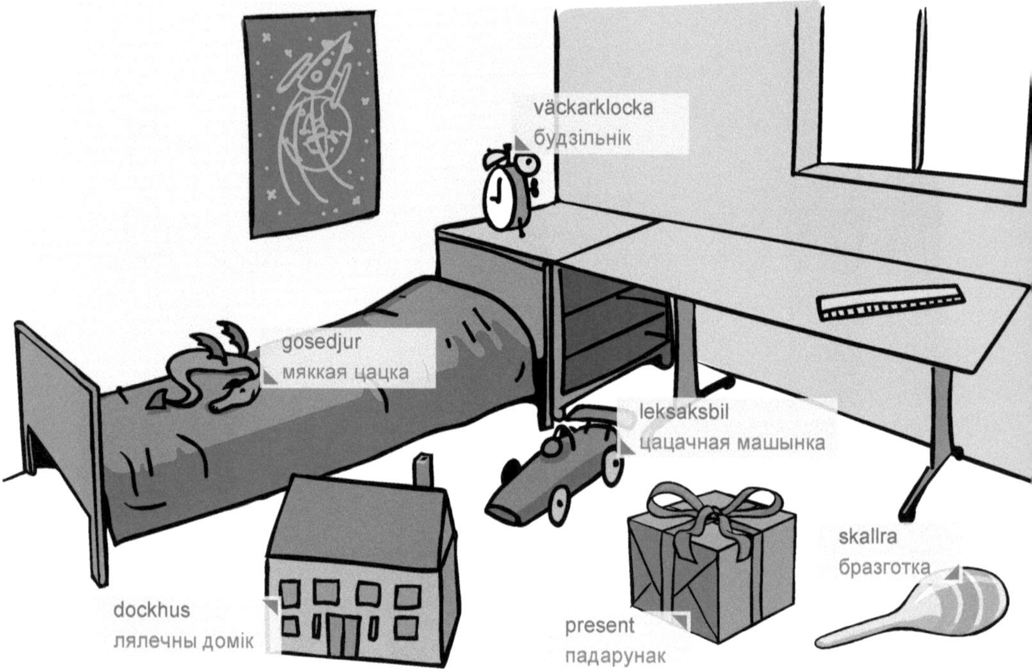

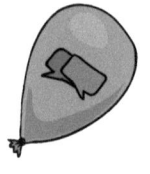

ballong
надзіманы шарык

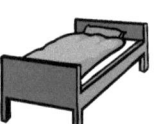

säng
ложак

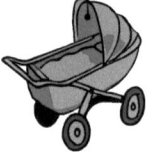

barnvagn
дзіцячая каляска

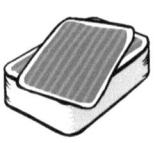

kortlek
калода картаў

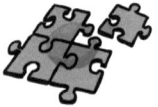

pussel
пазл

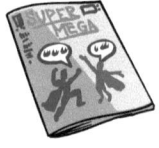

serietidning
комікс

legobitar

канструктар "Лега"

klossar

канструктар

actionfigur

экшэн-фігурка

sparkdräkt

дзіцячы гарнітур

frisbee

фрызбі

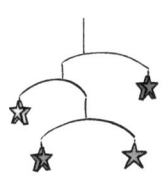

mobil

дзіцячы мабіль

brädspel

настольная гульня

tärning

кубік

modelljärnväg

дзіцячая чыгунка

napp

пустышка

party

дзіцячае свята

bilderbok

кніга з малюнкамі

boll

мячык

docka

лялька

spela

гуляцца

sandlåda

пясочніца

gunga

арэлі

leksaker

цацкі

spelkonsol

гульнявая відэа прыстаўка

trehjuling

трохколавы ровар

nalle

плюшавы мішка

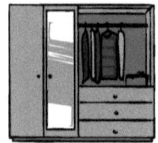

garderob

шафа

kläder

адзенне

sockar

шкарпэткі

strumpor

панчохі

tights

калготкі

halsduk
шалік

paraply
парасон

t-shirt
цішотка

bälte
рамень

stövlar
боты

tofflor
пантоплі

sneakers
красоўкі

sandaler	skor	gummistövlar
сандалі	абутак	гумовыя боты

underbyxor	BH	linne
трусы	бюстгальтар	майка

body

бодзі

byxor

штаны

jeans

джынсы

kjol

спадніца

blus

блузка

skjorta

кашуля

pullover

джэмпер

sweater

талстоўка

blazer

блэйзер

jacka

куртка

kappa

паліто

regnjacka

дажджавік

dräkt

касцюм

klänning

сукенка

bröllopsklänning

вясельная сукенка

kläder - адзенне

kostym

касцюм

nattlinne

начная сарочка

pyjamas

піжама

sari

сары

slöja

хустка

turban

цюрбан

burka

паранджа

kaftan

кафтан

abaya

Абая

baddräkt

купальнік

badbyxor

плаўкі

shorts

шорты

träningsoverall

спартыўны касцюм

förkläde

фартух

handskar

пальчаткі

knapp

гузік

glasögon

акуляры

armband

бранзалет

halsband

каралі

ring

кальцо

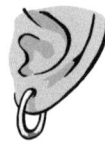

örhänge

завушніца

mössa

кепка

galge

вешалка

hatt

капялюш

slips

гальштук

dragkedja

маланка

hjälm

шлем

hängslen

падцяжкі

skoluniform

школьная форма

uniform

уніформа

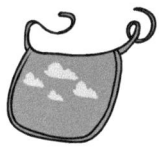

haklapp

нагруднік

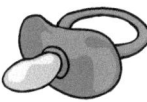

napp

пустышка

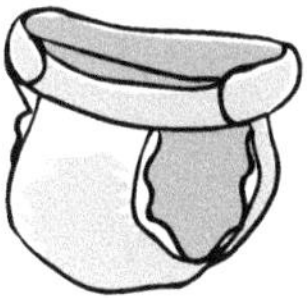

blöja

падгузнік

kontor

офіс

server
сервер
dokumentskåp
канцылярская шафа
skrivare
прынтэр
papper
папера
bildskärm
манітор
mus
мыш
skrivbord
пісьмовы стол
mapp
тэчка
tangentbord
клавіятура
papperskorg
смеццевы кошык
dator
кампутар
stol
крэсла

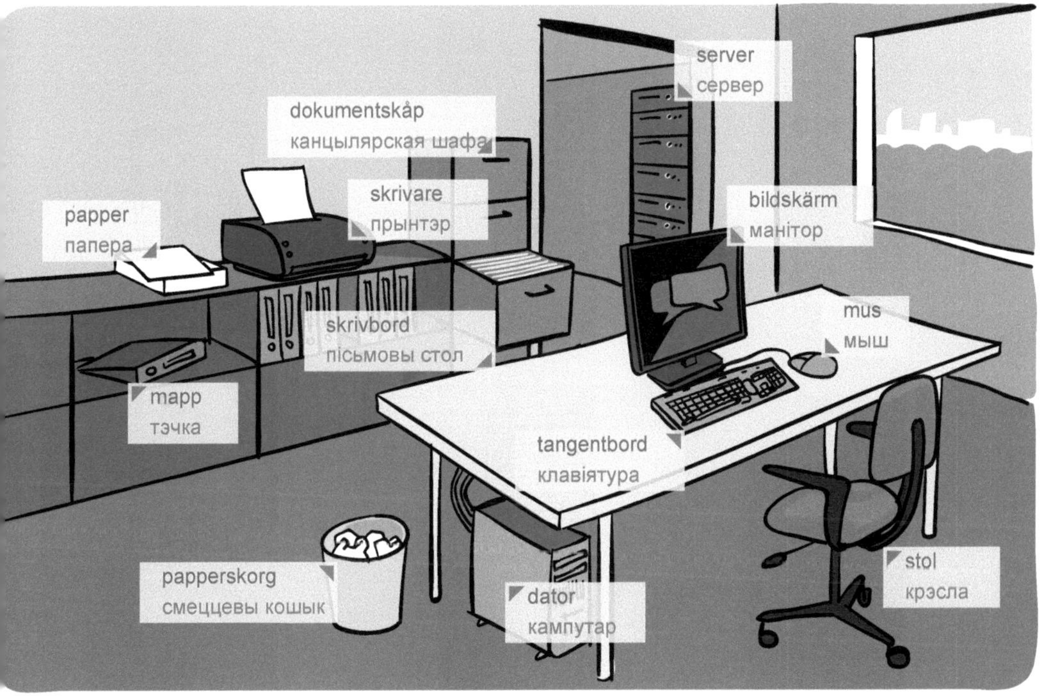

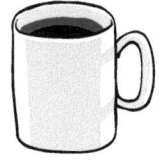

kaffemugg

кубак для кавы (філіжанка)

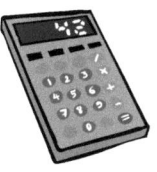

miniräknare

калькулятар

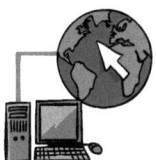

internet

інтэрнэт

bärbar dator

ноўтбук

brev

ліст

meddelande

паведамленне

mobiltelefon

мабільны тэлефон

nätverk

сетка

kopieringsapparat

ксеракс

programvara

праграмнае забеспячэнне

telefon

тэлефон

vägguttag

разетка

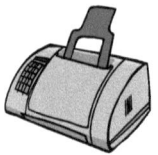

fax

факс

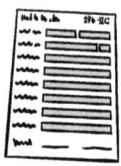

blankett

фармуляр

dokument

дакумент

köpa
....
купляць

betala
....
плаціць

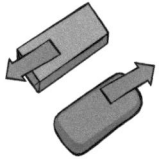

handla
....
гандляваць

pengar
....
грошы

dollar
....
долар

euro
....
еўра

yen
....
ена

rubel
....
рубель

schweizisk franc
....
франк

renminbi yan
....
кітайскі юань

rupie
....
рупія

bankomat
....
банкамат

växelkontor

абменны пункт

guld

золата

silver

срэбра

olja

нафта

energi

энергія

pris

цана

kontrakt

кантракт

skatt

падатак

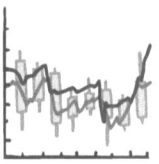

aktie

акцыя

arbeta

працаваць

anställd

служачы

arbetsgivare

працадаўца

fabrik

фабрыка

affär

крама

polis
паліцыянт

brandman
пажарны

kock
кухар

läkare
доктар

pilot
пілот

trädgårdsmästare

садоўнік

snickare

слесар

sömmerska

швачка

domare

суддзя

kemist

хімік

skådespelare

артыст

busschaufför

кіроўца аўтобуса

taxichaufför

таксіст

fiskare

рыбак

städerska

прыбіральшчыца

takläggare

страхар

servitör

афіцыянт

jägare

паляўнічы

målare

мастак

bagare

пекар

elektriker

электрык

byggarbetare

будаўнік

ingenjör

інжынер

slaktare

мяснік

rörmokare

сантэхнік

brevbärare

паштальён

soldat

салдат

arkitekt

архітэктар

kassör

касір

florist

фларыст

frisör

цырульнік

konduktör

кандуктар

mekaniker

механік

kapten

капітан

tandläkare

стаматолаг

vetenskapsman

вучоны

rabbin

рабін

imam

імам

munk

манах

präst

святар

verktyg
інструменты

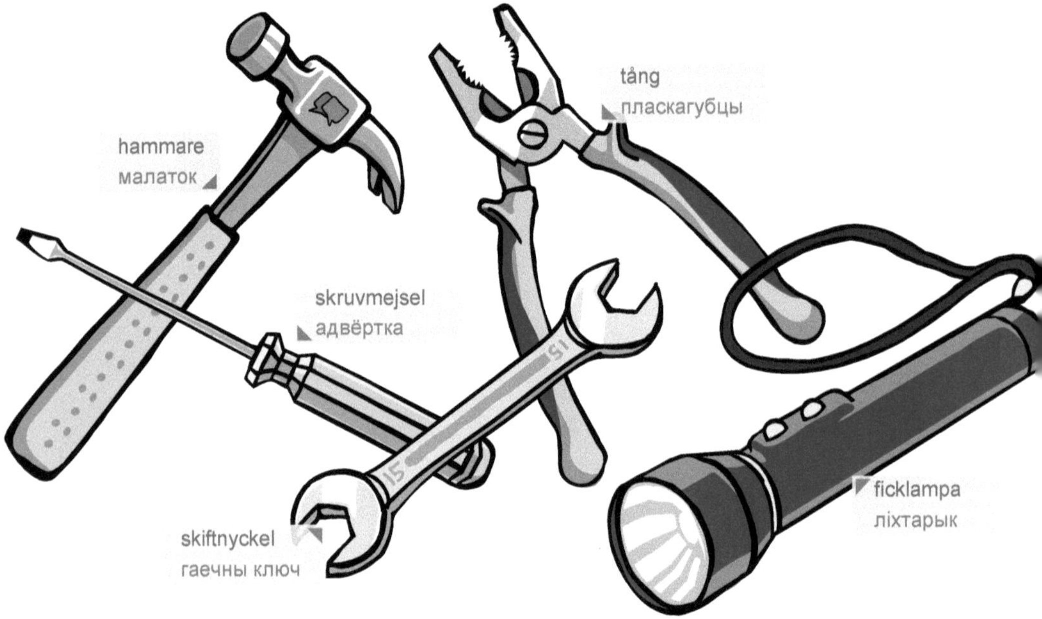
hammare
малаток
tång
пласкагубцы
skruvmejsel
адвёртка
skiftnyckel
гаечны ключ
ficklampa
ліхтарык

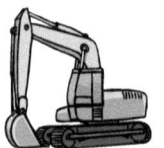

grävmaskin

экскаватар

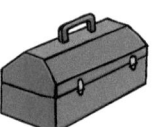

verktygslåda

скрыня для інструментаў

stege

драбіны

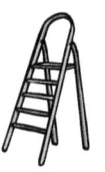

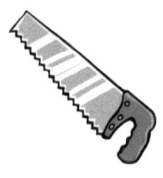

såg

піла

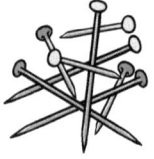

spik

цвікі

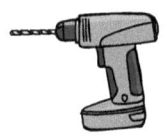

borr

дрыль

reparera

рамантаваць

spade

рыдлеўка

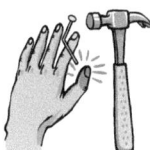

Helvete!

Халера!

sopskyffel

шуфлік для смецця

färgburk

вядро з фарбаю

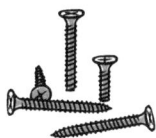

skruvar

балты

musikinstrument
музычныя інструменты

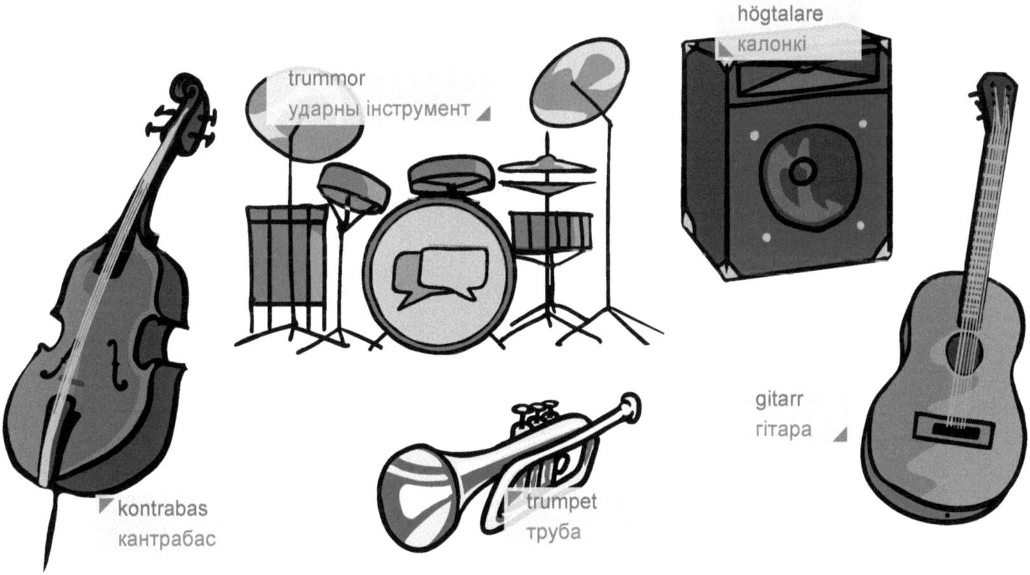

trummor
ударны інструмент

högtalare
калонкі

gitarr
гітара

kontrabas
кантрабас

trumpet
труба

piano

піяніна

violin

скрыпка

bas

басгітара

timpani

літаўры

trumma

барабан

keyboard

клавішны электрамузычны
інструмент

saxofon

саксафон

flöjt

флейта

mikrofon

мікрафон

musikinstrument - музычныя інструменты

zoo

заапарк

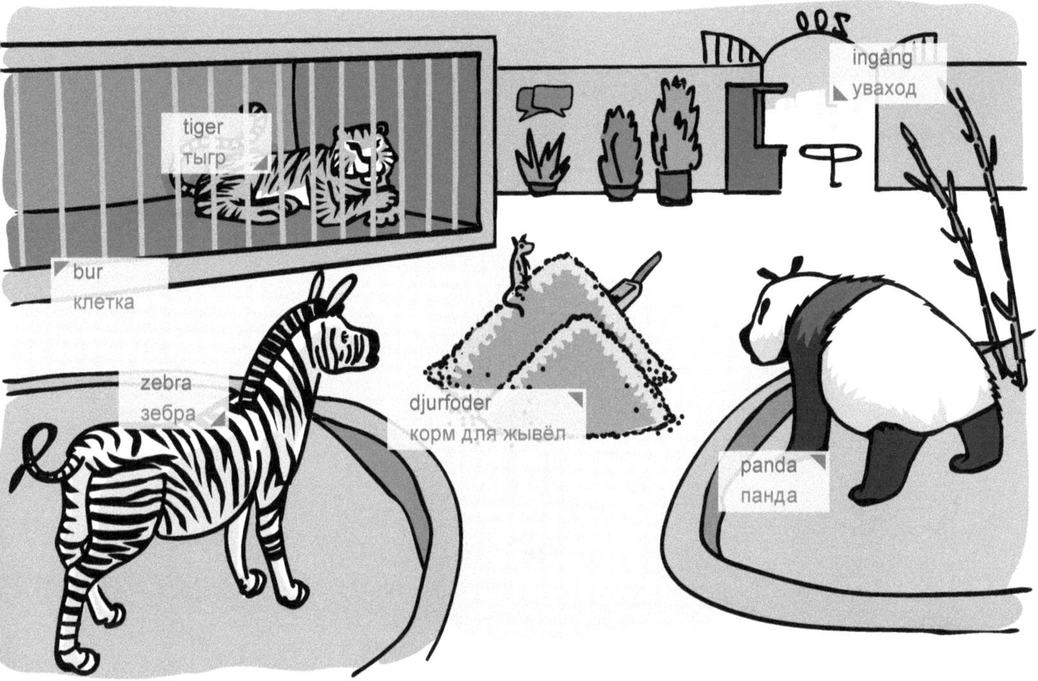

ingång
уваход
tiger
тыгр
bur
клетка
zebra
зебра
djurfoder
корм для жывёл
panda
панда

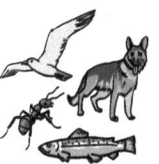

djur
жывёлы

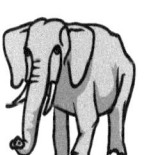

elefant
слон

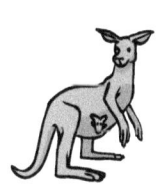

känguru
кенгуру

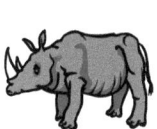

noshörning
насарог

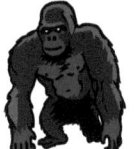

gorilla
гарыла

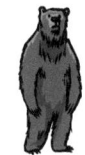

björn
мядзведзь

kamel

вярблюд

struts

страус

lejon

леў

apa

малпа

flamingo

фламінга

papegoja

папугай

isbjörn

белы мядзведзь

pingvin

пінгвін

haj

акула

påfågel

паўлін

orm

змяя

krokodil

кракадзіл

djurskötare

наглядчык заапарка

säl

цюлень

jaguar

ягуар

ponny

поні

leopard

леапард

flodhäst

бегемот

giraff

жыраф

örn

арол

vildsvin

дзік

fisk

рыбак

sköldpadda

чарапаха

valross

морж

räv

ліса

gazell

газель

amerikansk fotboll
амерыканскі футбол

cykling
веласпорт

tennis
тэніс

basket
баскетбол

simning
плаванне

boxning
бокс

ishockey
хакей з шайбай

fotboll
футбол

badminton
бадмінтон

friidrott
лёгкая атлетыка

handboll
гандбол

skidåkning
горныя лыжы

polo
пола

skratta
смяяцца

hoppa
скакаць

krama
абдымаць

gå
ісці

sjunga
спяваць

drömma
марыць

be
маліцца

kyssa
цалаваць

skriva
пісаць

rita
маляваць

visa
паказваць

skjuta
націснуць

ge
даваць

ta
браць

hagel

мець

göra

выконваць

vara

быць

stå

стаяць

springa

бегчы

dra

цягнуць

kasta

кідаць

falla

падаць

ligga

ляжаць

vänta

чакаць

bära

насіць

sitta

сядзець

klä på

апранацца

sova

спаць

vakna

прачынацца

se på

глядзець

gråta

плакаць

smeka

лашчыць

kamma

прычэсвацца

prata

гаварыць

förstå

разумець

fråga

пытаць

höra

чуць

dricka

піць

äta

есці

städa

прыбіраць

älska

кахаць

laga mat

гатаваць

köra

ехаць

flyga

лятаць

segla

плаваць пад ветразем

räkna

лічыць

läsa

чытаць

lära sig

вучыць

arbeta

працаваць

gifta sig

уступаць у шлюб

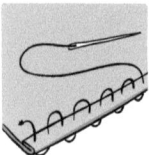

sy

шыць

borsta tänderna

чысціць зубы

döda

забіваць

röka

курыць

skicka

пасылаць

familj
сям'я

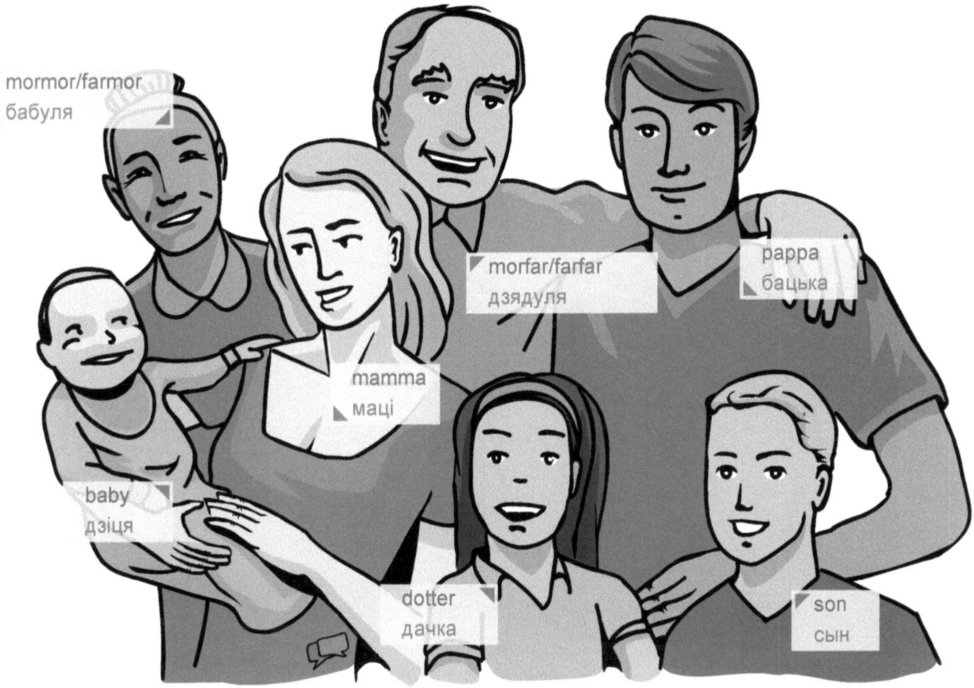
mormor/farmor
бабуля
morfar/farfar
дзядуля
pappa
бацька
mamma
маці
baby
дзіця
dotter
дачка
son
сын

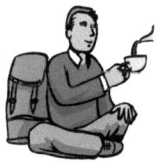

gäst

госць

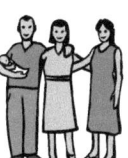

moster/faster

цётка

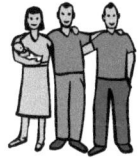

farbror/morbror

дзядзька

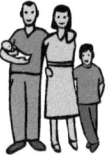

bror

брат

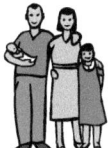

syster

сястра

kropp
цела

panna
лоб
öga
вока
skuldra
плячо
finger
палец
ansikte
твар
haka
падбародак
hand
рука
ben
нага
bröst
грудзі
arm
рука

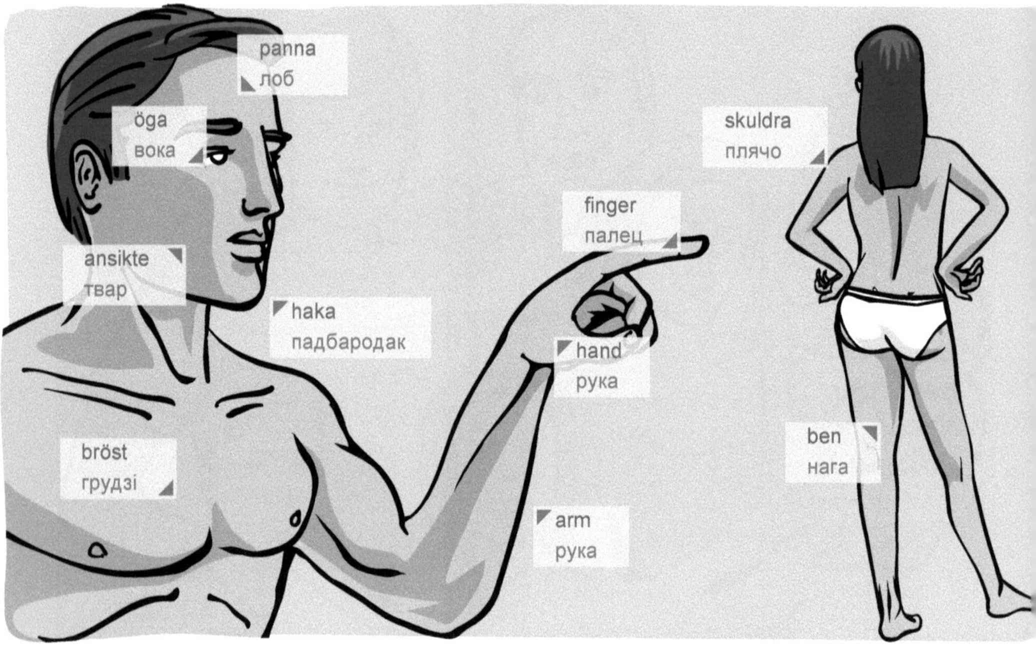

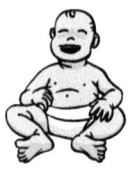

baby

дзіця

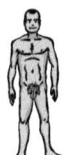

man

мужчына

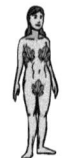

kvinna

жанчына

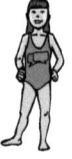

flicka

дзяўчынка

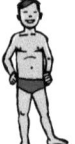

pojke

хлопчык

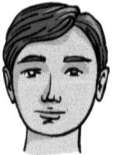

huvud

галава

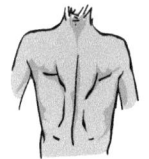

rygg

спіна

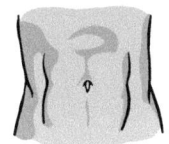

mage

жывот

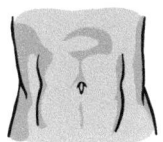

navel

пуп

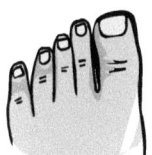

tå

палец нагі

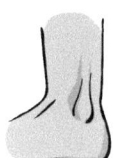

häl

пятка

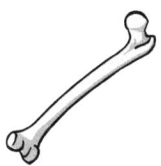

ben

костка

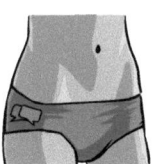

höft

бядро

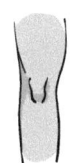

knä

калена

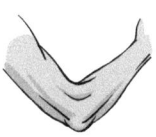

armbåge

локаць

näsa

нос

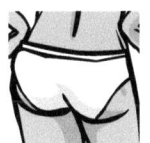

stjärt

ягадзіца

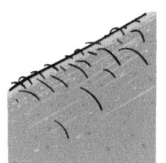

hud

скура

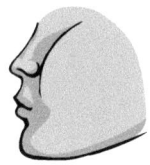

kind

шчака

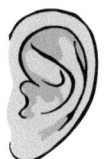

öra

вуха

läpp

губа

mun

рот

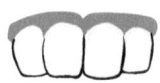

tand

зуб

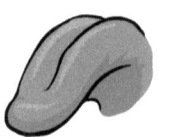

tunga

язык

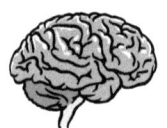

hjärna

галаўны мозг

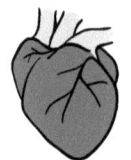

hjärta

сэрца

muskel

мышца

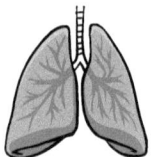

lunga

лёгкае

lever

пячонка

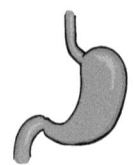

magsäck

страўнік

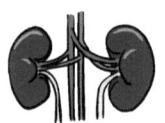

njurar

ныркі

sex

сэкс

kondom

прэзерватыў

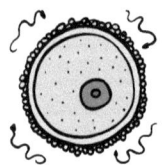

äggcell

яйцаклетка

sperma

сперма

graviditet

цяжарнасць

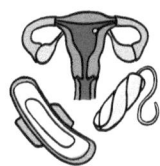

menstruation

менструацыя

vagina

похва

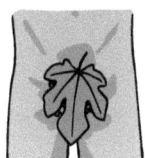

penis

пеніс

ögonbryn

брыво

hår

валасы

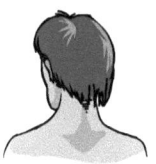

nacke

шыя

sjukhus
шпіталь

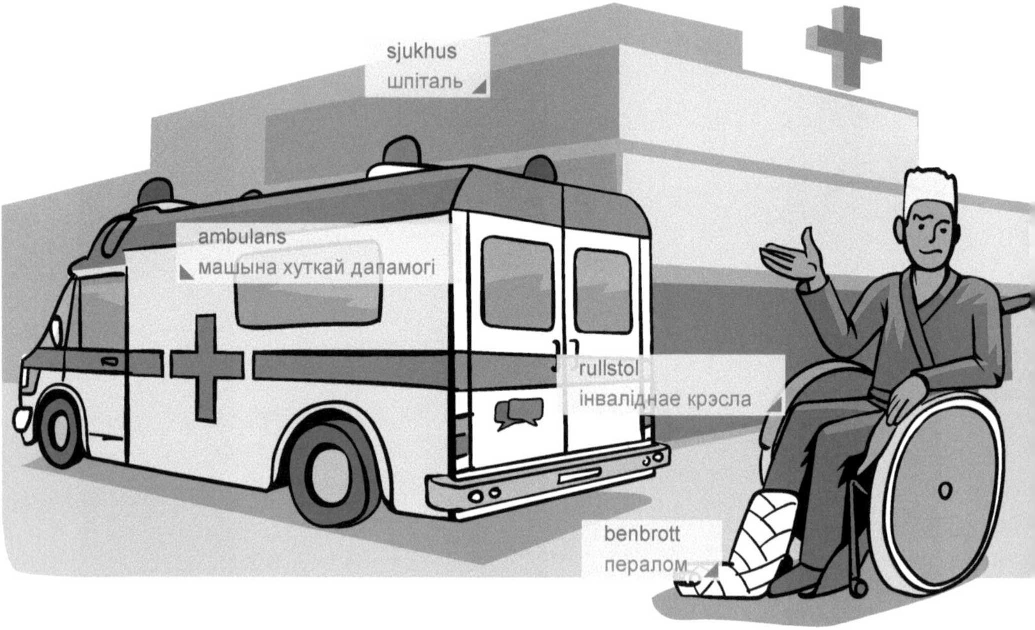

sjukhus
шпіталь
ambulans
машына хуткай дапамогі
rullstol
інваліднае крэсла
benbrott
пералом

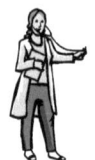

läkare

доктар

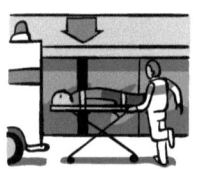

akutmottagning

аддзяленне першай дапамогі

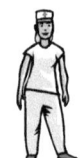

sjuksköterska

медсястра

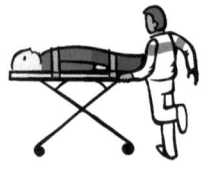

nödsituation

экстраная дапамога

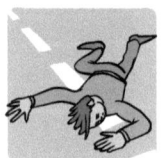

medvetslös

непрытомны

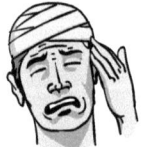

smärta

боль

skada

траўма

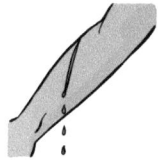

blödning

крывацёк

hjärtattack

інфаркт

slaganfall

апаплексія

allergi

алергія

hosta

кашаль

feber

гарачка

influensa

грып

diarré

панос

huvudvärk

галаўны боль

cancer

рак

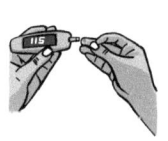

diabetes

дыябет

kirurg

хірург

skalpell

скальпель

operation

аперацыя

CT
KT

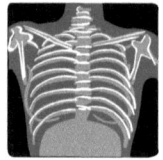

röntgen
рэнтген

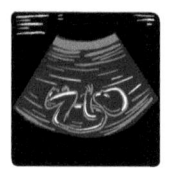

ultraljud
ультрагук

ansiktsmask
маска

sjukdom
хвароба

väntsal
пачакальня

krycka
мыліца

plåster
пластыр

bandage
бінт

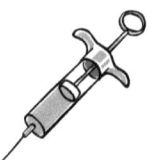

injektion
ін'екцыя

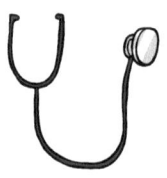

stetoskop
стэтаскоп

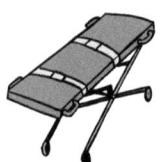

bår
насілкі

termometer
градуснік

födsel
нараджэнне

övervikt
лішняя вага

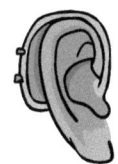

hörapparat

слухавы апарат

desinfektionsmedel

дэзінфекцыйны сродак

infektion

інфекцыя

virus

вірус

HIV / AIDS

ВІЧ/СНІД

medicin

лекі

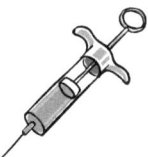

vaccination

прышчэпка

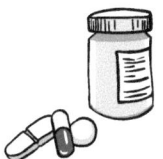

tabletter

таблеткі

p-piller

супрацьзачаткавая
таблетка

nödsamtal

экстраны выклік

blodtrycksmätare

танометр

sjuk / frisk

хворы / здаровы

Hjälp!

Ратуйце!

alarm

сігналізацыя

överfall

напад

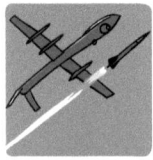

misshandel

атака

fara

небяспека

nödutgång

аварыйны выхад

Det brinner!

Пажар!

brandsläckare

вогнетушыцель

olycka

аварыя

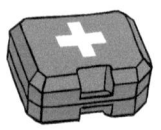

förbandslåda

аптэчка

SOS

СОС

polis

паліцыя

Europa

Еўропа

Nordamerika

Паўночная Амерыка

Sydamerika

Паўднёвая Амерыка

Afrika

Афрыка

Asien

Азія

Australien

Аўстралія

Atlanten

Атлантычны акіян

Stilla Havet

Ціхі акіян

Indiska Oceanen

Індыйскі акіян

Antarktiska Oceanen

Паўднёвы ледавіты акіян

Arktiska Oceanen

Паўночны ледавіты акіян

Nordpol

Паўночны полюс

Sydpol

Паўднёвы полюс

Antarktis

Антарктыда

Jorden

Зямля

land

краіна

hav

мора

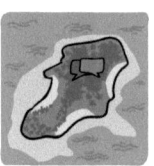

ö

востраў

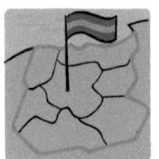

nation

нацыя

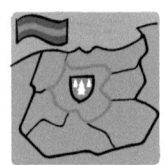

stat

дзяржава

urtavla

цыферблат

timvisare

гадзінная стрэлка

minutvisare

хвілінная стрэлка

sekundvisare

секундная стрэлка

Vad är klockan?

Колькі часу?

dag

дзень

tid

час

nu

зараз

digital klocka

электронны гадзіннік

minut

хвіліна

timme

гадзіна

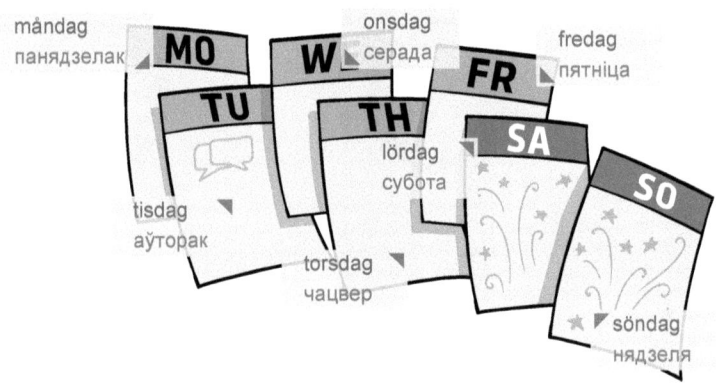

måndag
панядзелак

onsdag
серада

fredag
пятніца

tisdag
аўторак

torsdag
чацвер

lördag
субота

söndag
нядзеля

igår

ўчора

idag

сёння

imorgon

заўтра

morgon

раніца

middag

абед

kväll

вечар

vardagar

працоўныя дні

helg

выхадныя

år

год

regn
дождж
regnbåge
вясёлка
vind
вецер
snö
снег
vår
вясна
sommar
лета
höst
восень
vinter
зіма

4.APRIL 11°
5.APRIL 4°
6.APRIL 13°
7.APRIL 8°
8.APRIL 10°

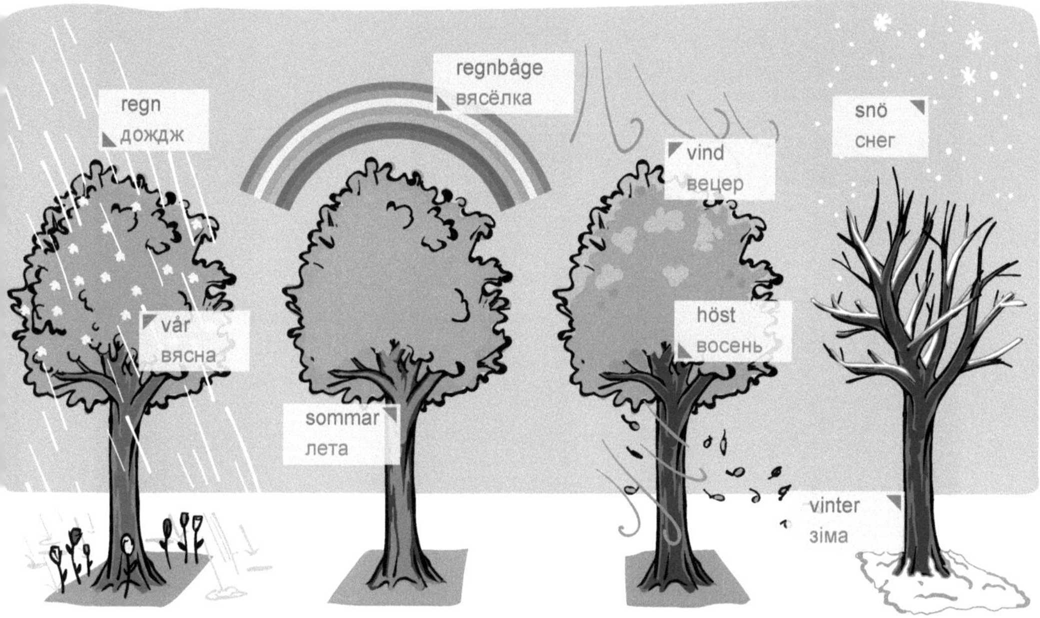

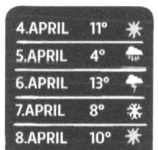

väderprognos

прагноз надвор'я

F C
120 40
90 30
60 20
30 10
0 0
-30 -10
-20

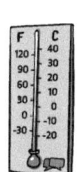

termometer

градуснік

solsken

сонечнае святло

moln

воблака

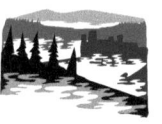

dimma

туман

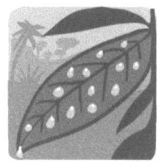

luftfuktighet

вільготнасць паветра

blixt

маланка

åska

гром

storm

бура

hagel

град

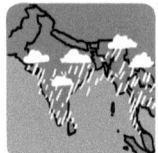

monsun

мусонны вецер

översvämning

прыліў

is

лёд

januari

студзень

februari

люты

mars

сакавік

april

красавік

maj

май

juni

чэрвень

juli

ліпень

augusti

жнівень

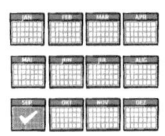

september
....
верасень

oktober
....
кастрычнік

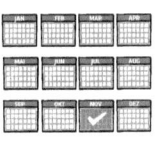

november
....
лістапад

december
....
снежань

cirkel
....
круг

kvadrat
....
квадрат

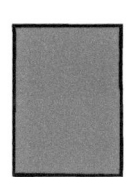

rektangel
....
прамавугольнік

triangel
....
трохвугольнік

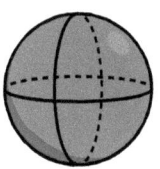

sfär
....
шар

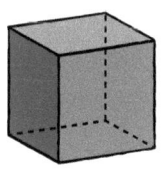

kub
....
куб

vit

белы

gul

жоўты

orange

аранжавы

rosa

ружовы

röd

чырвоны

lila

фіялетавы

blå

сіні

grön

зялёны

brun

карычневы

grå

шэры

svart

чорны

mycket / lite

шмат / мала

arg / lugn

злы / добры

vacker / ful

прыгожы / брыдкі

början / slut

пачатак / канец

stor / liten

высокі / малы

ljus / mörk

светлы / цёмны

bror / syster

сястра / брат

ren / smutsig

чысты / брудны

komplett / ofullständig

поўны / няпоўны

dag / natt

дзень / ноч

död / levande

мёртвы / жывы

bred / smal

шырокі / вузкі

ätlig / oätlig

ядомы / неядомы

ond / god

злы / добры

upphetsad / uttråkad

узбуджаны / нудны

tjock / smal

тоўсты / тонкі

först / sist

першы / апошні

vän / fiende

сябар / вораг

full / tom

поўны / пусты

hård / mjuk

цвёрды / мяккі

tung / lätt

важкі / лёгкі

hunger / törst

голад / смага

sjuk / frisk

хворы / здаровы

olaglig / laglig

нелегальны / легальны

intelligent / dum

разумны / дурны

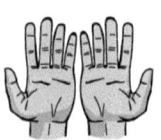

vänster / höger

левы / правы

nära / långt bort

побач / далёка

ny / begagnad

новы / былы ва ўжыванні

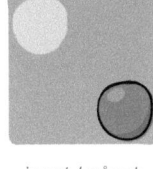

inget / något

нічога / нешта

gammal / ung

стары / малады

på / av

укл / выкл

öppen / stängd

адчынены / зачынены

tyst / högljudd

ціхі / гучны

rik / fattig

багаты / бедны

rätt / fel

правільна / няправільна

grov / slät

шурпаты / гладкі

ledsen / glad

сумны / шчаслівы

kort / lång

кароткі / доўгі

långsam / snabb

павольны / хуткі

våt / torr

вільготны / сухі

varm / sval

цёплы / халаднаваты

krig / fred

вайна / мір

лічбы

0

noll

нуль

1

ett

адзін

2

två

два

3

tre

тры

4

fyra

чатыры

5

fem

пяць

6

sex

шэсць

7

sju

сем

8

åtta

восем

9

nio

дзевяць

10

tio

дзесяць

11

elva

адзінаццаць

12

tolv

дванаццаць

13

tretton

трынаццаць

14

fjorton

чатырнаццаць

15

femton

пятнаццаць

16

sexton

шаснаццаць

17

sjutton

сямнаццаць

18

arton

васямнаццаць

19

nitton

дзевятнаццаць

20

tjugo

дваццаць

100

hundra

сто

1.000

tusen

тысяча

1.000.000

miljon

мільён

engelska

англійская

amerikansk engelska

англійская (Амерыка)

kinesisk mandarin

кітайская мандарынская

hindi

хіндзі

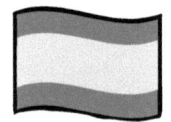

spanska

іспанская

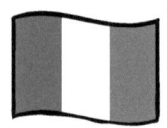

franska

французская

arabiska

арабская

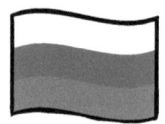

ryska

руская

portugisiska

партугальская

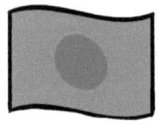

bengali

бенгальская

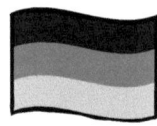

tyska

нямецкая

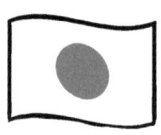

japanska

японская

jag

я

du

ты

han / hon / den (det)

ён / яна / яно

vi

мы

ni

вы

de

яны

vem?

хто?

vad?

што?

hur?

як?

var?

дзе?

när?

калі?

namn

імя

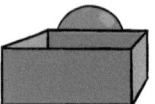

bakom

за

i

у

framför

перад

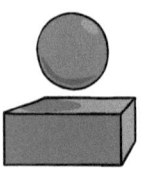

över

над

på

на

under

пад

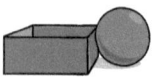

bredvid

каля

mellan

паміж

plats

месца